L'ESPAGNE.

EXTRAIT D'UN OUVRAGE INÉDIT.

L'ESPAGNE.

EXTRAIT D'UN OUVRAGE INÉDIT.

Quand il fallut repasser la Bidassoa, j'éprouvai je ne sais quel sentiment d'indicible tristesse. Ce fut avec une sorte de dépit que je me sentis emportée vers l'autre rive du fleuve; on ne m'avait laissé mettre le pied sur cette terre héroïque, nommée par Camoens, terre capitale de l'Europe [1], que pour m'en arracher soudain. Je ne vous verrai donc pas, glorieuse contrée de l'Ibérie, Catalogne aux grandes forteresses, royale Castille, belle Andalousie où

[1] En effet, l'Espagne, au seizième siècle, n'imposa-t-elle pas à l'Europe entière, et ses mœurs, et ses lois, et sa littérature, et même ses modes ?

bondissent par troupeaux les agiles cavales, et où
le Bétis roule ses flots d'or; je ne vous visiterai pas,
Valence, délicieux jardin de la Péninsule, fertile
Grenade parée de votre belle ceinture de montagnes,
heureux et parfumés vallons où croissent à plaisir
orangers et figuiers, mûriers et vignes. Il faut donc
partir sans avoir contemplé, admiré les noirs som-
mets de la Sierra-Morena, Séville à la merveilleuse
et céleste cathédrale, Cordoue au temple à mille
colonnes, la place où furent Numance et Sagonte [1],
et puis aussi les rues héroïques de Saragosse,
Saragosse, qui de Childebert à Napoléon, eut
occasion de résister et d'applaudir tant de fois à la
valeur française [2].

[1] A Sagonte, les habitants se brûlèrent avec tous leurs
trésors plutôt que de se rendre à Annibal. L'héroïque défense
des Numantins contre Scipion a inspiré à Cervantes le
drame le plus pathétique du théâtre moderne, paraphrase
animée d'une lamentation de Jérémie. Dans ce beau drame,
le héros c'est un peuple entier; la terreur et la pitié sont
excitées au plus haut degré; on voit expirer, devant
celle qu'il aime, un jeune guerrier qui dépose à ses pieds
le pain qu'il a enlevé en épuisant ses dernières forces; il y
a aussi un dialogue, entre un enfant et sa mère, qui est
d'une vérité sublime et déchirante.

[2] Les habitants de Sarragosse, assiégés par Childebert,
portaient en procession la tunique de saint Vincent. Le
roi franc, touché de cet acte de piété, leva le siége. Les
habitants, pour reconnaître la clémence du conquérant,

Ah ! s'il ne m'est pas permis de fouler cette terre travaillée, sillonnée, labourée par tous les genres de grandeurs, laissez-moi du moins m'élancer en esprit dans les régions qu'illustrent tant de souvenirs.

Elle avait depuis longtemps de beaux titres de gloire, cette contrée qui opposait Viriathus à Scipion,

lui accordèrent la tunique révérée. Le roi emporta en triomphe cette précieuse relique; et de retour à Paris, fit bâtir la magnifique église qui depuis fut Saint-Germain-des-Prés.

Charles Martel étendit l'empire français jusqu'en Catalogne. Sous cette triple génération de héros, Tortose, Tarragone, les îles Baléares, la Navarre, furent soumises au sceptre carlovingien. On vit Louis d'Aquitaine, qui fut depuis le faible Débonnaire, entrer en triomphe à Barcelonne. Quel glorieux hommage rendu à Charlemagne, lorsqu'Alphonse le Chaste lui fit porter les dépouilles des ennemis vaincus, en reconnaissant qu'il devait à ses armes et à celles de son fils la liberté que l'Espagne avait recouvrée !

En 1114, lorsqu'Alphonse I.er, dit le Batailleur, voulut enlever Saragosse aux maures, les français accoururent de toutes parts.... On sait ce qui s'y est passé sous Philippe V, et sous Napoléon.

Nos lauriers s'enlacent encore à ceux des espagnols, à Tolède, alors boulevard des mahométans; c'est Raimond, comte de Toulouse, Henri et Raimond de Bourgogne, une foule de seigneurs français, qui contribuèrent glorieusement à la prise de cette ville; à une époque plus récente, c'est un brillant prince, le comte de la Marche de Bourbon, qui amena 800 chevaux pour combattre les maures, en 1467.

et Sertorius à Pompée; qui a vu naître Trajan et Théodose, Lucain et Sénèque; elle est couverte de nobles cicatrices, cette Espagne qui montre les champs de bataille de Lesdos [1], d'Alvelda [2], de Tarifa, d'Antequerra, de Navas-Tolosas, et de Santarem.

Au milieu de tes montagnes, de tes forêts, de tes grands fleuves, Espagne, je te vois comme un lion superbe qui, entré dans son fort, va, vient, se montre partout, pour reconquérir pied à pied le terrain envahi. Telle fut l'Espagne depuis Pélage, au huitième siècle, jusqu'à Ferdinand, au quinzième.

Laissons et les Alphonse, et les Ramire, et les Sanche, princes généreux, guerriers magnanimes; mais, du milieu de ces pléiades de héros, deux grands rois surgissent et brillent entre tous :

Henri III, roi de Castille, venait de mourir; et son fils, héritier légitime de sa couronne, n'avait que vingt-deux mois. Alarmé des périls que laissait prévoir une longue minorité, les grands de l'état veulent déférer le sceptre à Ferdinand, oncle du royal

[1] 791.
[2] 844.

enfant; c'est aux pieds des autels, sous les voûtes de la cathédrale de Tolède qu'on l'adjure de régner. Ferdinand IV est inflexible; on insiste : « Et qui donc régnera sur nous, lui dit-on ? — Qui ? Et le fils du roi mon frère n'est-il pas vivant ? N'est-ce point à lui qu'appartient la couronne ? J'accepte la régence; mais votre roi et le mien, c'est mon neveu et pupille, Don Juan deuxième, que Dieu conserve. » Loyauté à jamais mémorable, noble exemple pour les princes qui, placés près du trône, peuvent se couvrir de gloire en refusant d'y monter [1] !

La vie de James I.er est un poème tout entier; la gloire et le malheur se partagèrent ses destinées. Au malheur son existence intime, à la gloire sa vie

[1] Fils de Jean I.er, roi de Castille, Ferdinand annonça dès son enfance les grandes vertus qui en firent le héros du siècle. Vainqueur redoutable des maures, ce prince reçut, de la célèbre victoire d'Antequerra, le nom d'infant d'Antequerra; avec vingt mille espagnols, il défit cent mille infidèles. Pendant la minorité de Jean II, son neveu, Ferdinand gouverna le royaume de Castille avec autant de fermeté que de sagesse. Enfin, la nation ayant choisi neuf députés pour décider entre les prétendants à la succession de Martin I.er, mort sans enfants, le plus illustre d'entr'eux, Vincent Ferrier, proclama le nom de Ferdinand, roi d'Aragon; ainsi Ferdinand, dont la fidélité refusa une couronne, en reçut une au milieu des acclamations de tout le peuple. Ceci se passait en 1412.

politique. Dès le berceau, c'est l'infortune de sa mère, l'indifférence paternelle, l'exil, la détention dans son propre palais [1]; plus tard ce sont des passions funestes, et partant des troubles et de profondes afflictions, qui frappent l'homme privé et atteignent le monarque; mais alors, il les ennoblit à force de gloire, et il les soumet par son habile fermeté. Vainqueur à Enèse et dans trente batailles, conquérant de Murcie, de Valence, des îles Baléares, tant de triomphes ne suffisent point à son héroïsme; à soixante-douze ans, les désastres des chrétiens en Terre-Sainte enflamment le cœur du vieux roi; ni prières, ni larmes ne peuvent l'arrêter. Il s'embarque, et pour le rendre à son peuple, il ne faut rien moins qu'une tempête, où l'on crut voir les manifestations de la volonté céleste.

Quels hommes aussi que ce Bernard del Carpio, aventureux capitaine, dont la vie se consume en efforts téméraires, en exploits illustres pour la délivrance de son père, en espérances toujours déçues,

[1] Ce fut alors, qu'à peine âgé de dix ans, et instruit par sa propre expérience du prix de la liberté, il fit vœu, dit-on, d'instituer un ordre religieux pour la rédemption des captifs. Saint Pierre de Nolasque et saint Raimond de Pennafort réalisèrent cette noble et sainte pensée.

ce Rodrigue Campeador, ce Cid merveilleux, dont l'étendard, même après son trépas, fléchissait le cœur des rois et protégeait les opprimés, ces grands comtes de Castille qui, durant le dixième siècle, furent toujours l'épée et le bouclier de la patrie, toujours braves et pieux, toujours prudents et justes, dignes enfin d'être les aïeux du Cid. Quels hommes que ces héros de la conquête de Grenade, Ponce-de-Léon, qui livra les premières attaques et cueillit les premiers lauriers dans cette guerre fameuse, terreur des sarrasins, protecteur des femmes et des faibles, chevalier accompli; son ami Alonzo d'Aguilar, au corps et à l'armure de fer, dont la bannière ne recula jamais devant l'ennemi, qui, après avoir seul tenu tête à deux cents infidèles, succomba enfin sur les monceaux de morts qu'il avait entassés! Et toi, comte de Tendilla, sévère mainteneur des mœurs et de la discipline, consolateur des vaincus et des opprimés, loyal et généreux chevalier; et toi, Cabra, surnommé le *preneur de rois*, qui eus la gloire de faire prisonnier l'infortuné Boabdil, et la gloire plus grande d'honorer en lui le malheur déchu; et toi, Pulgar, l'homme aux nobles prouesses, pour répondre à l'insultant défi des maures, tu pénètres avec quinze chevaliers dans

'Grenade, tu traverses seul au galop les rues de la ville, et arrivé devant la grande mosquée, tu te mets à genoux, déclares en faire un temple chrétien dédié à Marie; et, afin de sceller cette consécration hardie, tu fixes sur la porte un parchemin, où ta plume avait tracé les mots : *Ave Maria.* Et Garcilasso de la Véga, le *champion de la Vierge*, qui, voyant cette inscription sacrée attachée honteusement à la queue d'un cheval, courut sur le maure gigantesque, auteur du sacrilége affront; et, mesurant son armure de Flandre contre le fin damas du robuste infidèle, finit, nouveau David, par étendre mort sur la poussière cet autre Goliath.

Quels hommes enfin que ces deux Ximénès et Albornoz, personnages étonnants qui surent allier la vie humble, pieuse et austère du cloître, avec le génie élevé et l'habileté profonde de l'homme d'état ! L'un [1], conseiller, ami de St. Ferdinand, alla en

---

[1] Cet héroïque Ximénès était aussi un homme de science profonde; dans un concile à Rome, il prononça, en quatre langues successives, latin, allemand, français, espagnol, un discours sur les prérogatives du pape.

Ximénès était aussi à la bataille de Navas-Tolose, à côté du vaillant Alphonse, dont il enflammait non le courage, mais l'espérance, à cette bataille qui frappa de mort la puissance des infidèles. Ce grand prélat soutint, fortifia

France et en Italie exciter le zèle des chrétiens contre
les maures qui occupaient encore une si grande portion
de la péninsule, fit prendre les armes à cent mille
hommes, et prépara ainsi les grands succès de
son roi. L'autre [1], confident des hautes pensées
d'Isabelle, généreux protecteur de son infortunée
fille, défenseur de l'Eglise, dévoué au peuple
comme au prince, dota Charles – Quint du bel
empire d'Oran [2]. La perte d'un des royaumes
d'Espagne, s'écriait Leibnitz, n'eût pas payé trop
cher un pareil ministre. Allié à la royale maison
d'Aragon, fidèle serviteur de deux rois, Albornoz

aussi les héroïques défenseurs de Calatrava, assiégée par
les maures.

Voici son épitaphe : *La Navarre est ma mère, la Castille
ma nourrice, Paris mon école, Tolède ma demeure, Huerta
mon sépulcre, le Ciel mon repos.*

[1] Le second Ximénès, sage arbitre entre Ferdinand et
l'archiduc Philippe, son beau-fils, manifesta le plus noble
dévouement à ce roi si habile, si défiant, si ingrat envers
lui, comme il le fut envers le grand Gonsalve. Ximénès
montra une grande énergie dans les révoltes de l'armée, et
contre les déprédations de Pierre de Navarre. Sa sollicitude
prévoyante pourvut l'Espagne de greniers d'abondance. Durant
la minorité du jeune archiduc Charles d'Autriche, il fut le
Richelieu de l'Espagne, mais Richelieu vertueux, modéré,
paternel, quoique plein de fermeté.

[2] E 'l bel regno d'Oran dargli per dote.

Arioste. Canto xxxii.

entourait l'un [1] de conseils et de sollicitude, jusque sur les champs de bataille; à l'autre [2], il adressait, évêque vigilant et sévère, d'énergiques remontrances sur le scandale de ses mœurs et l'oubli de sa gloire. prélat sage, éclairé, désintéressé, il servit l'Eglise sous trois souverains pontifes.

Oh ! ne viendra-t-il pas un poète aux divins accents, pour chanter cette guerre de Grenade, cette lutte sainte, où les castillans firent éclater tant de bravoure, tant de patriotisme, tant de foi? Où est l'Homère chrétien qui peindra dignement ces derniers exploits de la chevalerie expirante? Qui redira tous ces traits de vaillance et de courtoisie, de pitié et de persévérance, de candide dévotion et d'enthousiasme belliqueux ? Ce n'était

[1] Habile dans les négociations, Albornoz ne l'était pas moins lorsqu'il s'agissait de préparer les victoires de son roi. Comme Rodrigue-Ximénès, il ne quitta point Alphonse (XI), le vengeur. Pendant la bataille de Dariffa ou de Salado (en 1340), Albornoz réprima le noble désespoir du prince, quand celui-ci voulait se précipiter au milieu des escadrons ennemis.

[2] Pierre le Cruel. Sous les pontificats de Clément XI, Innocent V et Urbain X, il délivra l'Eglise des petits tyrans qui l'opprimaient : de si grands intérêts ne l'empêchèrent pas de fonder à Bologne un collége d'où sortirent tant d'hommes illustres.

point une conquête facile. Il s'agissait de chasser un peuple pour qui Grenade était le paradis; chaque maure s'attachait à ce sol chéri comme un enfant s'attache aux flancs de sa mère; et chaque enfant devenait un lion quand l'ennemi paraissait. La résistance n'était pas moins héroïque que l'attaque. Hérissé de montagnes, de bois, sillonné de défilés et de précipices, le pays semblait d'ailleurs se défendre de lui-même.

Salut, noble terre, où se confondirent si souvent le génie guerrier et le génie poétique ! Tu as produit Ercilla, intrépide navigateur, audacieux conquérant du Chili, qui écrivit son poème, au pied des Cordillières, dans le désert, au milieu des combats; Garcilasso qui chante, combat et meurt au siége de Tunis; et surtout Miguel-Cervantes, l'illustre manchot de Lépante, le brave et amoureux captif d'Alger, que sa lyre, son épée et ses fers ont environné d'une triple gloire.

Tu peux te vanter de ton Calderon, le chantre aux fiers et mélancoliques accents, le poète de l'amour et de l'honneur, de l'amitié et de la patrie, de la fidélité et surtout de la religion. Voyez le *prince Constant.* Dans aucun drame peut-être on n'a buriné en caractères plus profonds ce dévouement passionné, cet enchantement d'abnégation, qu'inspire la fidélité et le zèle de la religion.

Il est renommé ce Lopez de Véga, à la verve inépuisable, pieux et aumosnier, qui passa de l'*armada* dans un cloître, où ses poétiques travaux le consolèrent, sinon de la mort de ses deux femmes, du moins de la perte de sa fortune.

Il est un nom que je n'oublierai pas ; c'est Guillem de Castro qui, dans sa *Jeunesse du Cid*, a parcouru et montré le cœur humain sous ses phases les plus belles ; c'est l'héroïsme de Chimène, l'amour touchant et pur de Zaïde, la tendresse généreuse et dévouée de l'Infante, la piété filiale de Rodrigue, sa charité délicate envers le lépreux, sa fidélité sublime, le caractère magnanime et chevaleresque d'Arias, et enfin, le repentir chrétien du faible et violent Don Sanche. Pourquoi les froides règles de l'unité ont-elles forcé notre grand Corneille à se priver des scènes les plus chevaleresques et les plus religieuses de ce beau poème ?

Après tes poètes par la lyre, tu as aussi tes poètes

par le pinceau. Parmi tant d'autres, deux génies se partagent chez toi le domaine du plus brillant des arts. L'un s'est emparé des grandeurs et des richesses d'ici-bas : Velasquez a peint les puissants de la terre; l'autre s'est réservé les choses du ciel. Murillo est le peintre des saints, de la Vierge, le peintre des pauvres, ces premiers nés de l'Evangile.

Assorti à la noblesse de tes pensées et de tes sentiments, ton langage est plein et ferme, sonore et fortement articulé; on a dit que Dieu aime à l'entendre : tes paroles sont fières, brèves et expressives; ton caractère grave et religieux se révèle jusque dans tes sentences les plus vulgaires; chez toi seul peut-être le culte de la souffrance est préconisé dans les proverbes : *Souffre pour apprendre. Travaille pour avoir. Qui a souffert a vaincu. Qui ne sait souffrir ne sait pas régner.*

Et, entre toutes les gloires, la plus belle ne t'a pas fait faute non plus. Si tu as enfanté des héros selon le monde, tu en as créé pour le ciel. Ta légende sacrée n'est pas moins féconde que celle des autres nations. Qui redira l'apostolat de Martin, ardent missionnaire, écrivain éloquent? Séville vénère

en Isidore et Léandre ses docteurs de l'Eglise d'Espagne, frères par le sang, plus frères par le génie,
le savoir et la sainteté. Tolède, la métropole aux
conciles fameux, Tolède s'émeut aux noms sacrés
d'Hellodius, d'Eugène, d'Ildefonse.

Deux rois, du nom de Ferdinand, sont inscrits
au nombre des saints patrons de la Péninsule. Le
premier fait une guerre glorieuse aux maures qu'il
poursuit dans toutes leurs retraites, et va de province en province régler les différents de ses sujets,
digne prédécesseur de l'autre Ferdinand. Celui-ci,
contemporain, proche parent de notre saint Louis,
eut avec le monarque français une ressemblance
singulière de situation, de génie et de vertus; mais
quelle différence dans leurs destinées !... Ferdinand
fut surnommé l'heureux [1]... Et Vincent Ferrier, sage
et bienfaisant, politique et missionnaire cosmopolite
qui, après avoir sauvé l'Espagne de l'anarchie, s'en
alla à travers l'Europe, versant partout les torrents

[1] Ferdinand conquit Sévile, Jaen, Cordoue, Cadix; il
fut le fondateur de l'université de Salamanque. La mémoire
de ce prince était en telle vénération que le roi de Grenade,
à chaque anniversaire de sa mort, envoyait un grand nombre
de ses sujets pour visiter son tombeau et y allumer des
lampes.

de sa parole éloquente, et convertissant par milliers
et maures et juifs et chrétiens infidèles [1]. Et
Dominique enfin, que l'esprit d'erreur et d'igno-
rance ont tant calomnié, Dominique, attaquant
l'hérésie par la puissance de sa doctrine et la force
de sa volonté, élevant les mains au ciel pendant le
combat, priant et pleurant pour ses frères égarés,
offrant sa liberté et sa vie pour sauver une âme,
pour racheter un captif; fondateur d'un ordre célèbre [2], dont le Dante a chanté la gloire : *rivière
féconde d'où naissent mille ruisseaux qui s'en vont
fertiliser le jardin catholique, et qui ravivent les
arbustes dont il est planté* [3].

Dans cette légion trois fois heureuse, bien des
noms m'échappent; mais ce ne sont point les vôtres,
astres lumineux et brûlants, génies prodigieux, âmes
de séraphins, Thérèse, Ignace et Xavier, vous qui

[1] Il convertit 35,000 juifs, et 8,000 maures.

Dominique, espagnol, fonda son ordre en Espagne; et
cependant au nombre de ses premiers disciples les français
furent en majorité; sur seize, il y avait huit français, sept
espagnols et un anglais.

[3] Di lui si fecer poi diversi rivi,
Onde l'orto cattolico si riga
Si che suoi arbuscelli stan piu vivi.

Il Paradiso. Canto XII.

fûtes si puissants contre vous-même par la pénitence,
si puissants sur les autres par l'amour. Gloire à vous !
Vos nombreux enfants, fervents disciples, que vous
avez épars en tous lieux, ont servi le monde chrétien,
soit comme Moïse, priant sur la montagne, soit
comme Josué, combattant les Cananéens dans la
plaine. Thérèse, vos écrits vous ont placée à côté
des Pères de l'Eglise, et votre philosophie a été
comparée à celle de Platon ; votre vie est pleine de
miracles, c'est-à-dire de grandes œuvres [1]. Ignace,
de guerrier valeureux, de chevalier brillant et exalté,
quelle main puissante vous fit tout à coup législateur
d'une tribu nouvelle et à jamais glorieuse ? Comment
êtes-vous devenu si prudent et si habile dans le
gouvernement des âmes [2] ?

[1] M. de Maistre a dit profondément : « Les miracles sont
les bonnes actions. »

[2] Lorsqu'il renonça au métier des armes, Ignace, qui
n'avait point abjuré ses idées chevaleresques, choisit la
sainte Vierge pour sa dame, et appendit son épée dans une
chapelle qui lui était consacrée. Le jour même de sa con-
version, il rencontre un sarrasin qui blasphémait contre la
Mère du Sauveur, il veut d'abord le tuer ; puis, par un
retour sur lui-même, il laisse au sort à décider s'il suivrait
le premier mouvement que Dieu n'approuva point.

A trente-trois ans, pour se livrer aux études, il va se
mettre sur le banc des écoles, et persévéra avec une énergie infatigable. Tous ceux qui ont médité ses admirables

Autant la vérité surpasse le mensonge, autant, François Xavier surpasse ce que l'antiquité fabuleuse raconte des merveilles opérées dans l'Inde, par un Dieu conquérant. Des rives du Gange, aux îles les plus lointaines et les plus sauvages, le voyageur apostolique signale sa mission par l'éclat de ses prodiges et la mansuétude de ses vertus : vainqueur bienfaisant, conquérant pacifique, il soumet et civilise : ses triomphes sont des institutions ; en donnant au ciel des millions d'âmes, il assure à son roi, à sa patrie, des sujets sans nombre, des pays sans bornes et des richesses impérissables.

L'Espagne, sœur de la France, porte aussi une couronne à mille fleurons ; comme la France, elle doit aux femmes une belle portion de sa gloire. Quand régnaient les goths en Espagne, deux nobles filles de la race des francs, Clotilde et Ingonde, apparurent sur les rives de l'Èbre. Par la constance

constitutions y reconnaissent la sagesse et la profondeur de ses vues ; mais cet austère législateur des âmes savait, dans l'application, user de la compassion la plus tendre et la plus ingénieuse. Un jeune novice était atteint d'une mélancolie que rien ne calmait ; le bon supérieur imagine d'employer, près du lit du malade, des instruments de musique et des chants mélodieux, et par là il parvient à rendre du repos à cette âme troublée.

de leur catholicisme, par leur fermeté dans les épreuves, elles semblent avoir jeté sur cette terre hispanique les semences de l'héroïque foi qui, durant tant de siècles, tint en échec la vaillante nation des maures. On se souviendra toujours d'Ermisinde, digne fille de Pélage, digne femme d'Alphonse I.er, de Sancha, la brave et pieuse reine, qui engageait ses biens et transformait ses pierreries en soldats pour chasser les sarrasins; d'Yolande de Hongrie, qui fut toujours l'âme des conseils par son esprit et sa prudence, toujours l'admiration des peuples par ses charmes et son intrépidité; de Dona Alvarez de Castro, qui, à la tête d'une troupe de femmes déguisées et armées, conserva à son roi une forteresse assiégée par les maures.

Votre nom ne mourra pas non plus, noble Berengère, digne sœur de notre Blanche de Castille; comme elle, régente habile durant une minorité orageuse; comme elle, mère d'un grand et saint roi dont elle sut protéger, préserver la jeunesse. Et vous, magnanime Marie de Molina, sage tutrice de votre fils et de son royaume, qui n'eûtes de votre sexe que la douceur, esprit ferme mais souple, prévoyant mais intrépide, Marie de Luna, qui soutîntes si habilement la guerre contre Mathieu de Foix et le comte d'Armagnac; Violente d'Arragon, que les troubles civils ne déconcertèrent jamais et qui sûtes, malgré tant d'obstacles, conserver à votre fils son royaume attaqué de toutes parts. Et vous, que le malheur a marquées de son signe sacré, vous n'avez pas le moindre droit à mon hommage, douce et infortunée Blanche, qui pérîtes à vingt-deux ans victime d'un époux que la postérité a flétri du nom de *cruel*; tendre et pieuse Éléonore d'Albuquerque, qui expirâtes de douleur en apprenant la captivité de vos deux fils. Vous enfin, brillante et glorieuse Isabelle, si magnanime quand vous refusâtes un sceptre offert par l'insurrection, si héroïque dans la conquête de Grenade; à la tête de ces légions, que votre âme chevaleresque enflammait, que vos soins prévoyants et votre généreuse pitié soutenaient, encourageaient et consolaient, si admirée, si honorée des maures eux-mêmes qui, du haut de leurs remparts, s'abstenaient de lancer leurs traits meurtriers, pour vous contempler saisis de respect, si habile et si pénétrante pour comprendre la haute pensée de Colomb, et lui prêter une assistance que lui déniaient tant d'autres.

Adieu donc, nation aux mœurs sérieuses et fortes, aux croyances profondes, race d'hommes tempérants, pour qui tout est possible, parce que tout est supportable, chez qui l'honneur est inflexible et la vengeance impitoyable; qui sentent couler dans leurs veines le sang mauresque des Abencerrages et le sang chrétien des Pélages; parmi lesquels on trouve en même temps des Bernard, des Pizarre, des Corsio et des Las Casas, des ducs d'Albe et des François Xavier, des Ximenès et des Olivarès, des Albuquerque, des Gonsalve.

Adieu, peuple espagnol, puisses-tu conserver ou plutôt reconquérir tes antiques vertus! Ta gloire et ta puissance éprouveront, dit le poète, de grandes révolutions; mais jamais l'infortune ne pourra t'abattre, à moins qu'elle n'arrache l'audace et la valeur du cœur de tes guerriers [1] ! Puisses-tu repousser les discordes armées qui déchirent ton sein ! Puisse bientôt s'élever, du milieu de tes enfants, désunis, quelque héros, quelque homme choisi de Dieu, qui les rassemble et les fortifie contre l'esprit du mal ! Puisses-tu renaître plus

[1] Camoens.

brillant, plus fort, plus chrétien, sous le sceptre légitime d'un digne émule des Alphonse, des Ramire, des Ferdinand, d'un digne fils de saint Louis !

FIN.

Lille, Imp. de L. Lefort. 1840.